Claudia Finken · Horst Johnen · Claudia Fennell

Rico, der kleine Delfin

VLB - **Rico, der kleine Delfin**
Claudia Finken, Horst Johnen, Claudia Fennell - 2. Auflage 2001 - Buchholz/Ww. 2001
ISBN 3-00-004793-X

2. Auflage 2001
© 1999 Copyright by Claudia Finken, Horst Johnen, Claudia Fennell
FiJoFe-Verlag
Alle Rechte ausdrücklich vorbehalten
Text und Idee: Claudia Finken, Horst Johnen, Claudia Fennell
Illustrationen: Airbrush-Illustrationen Johnen · 53567 Buchholz/Ww.
Gesamtherstellung: Bert & Jörg Rahm-DruckTechnik · 53567 Asbach/Ww.
Erstellt unter Anwendung der neuen Rechtschreibung
ISBN 3-00-004793-X

Claudia Finken · Horst Johnen · Claudia Fennell

Rico, der kleine Delfin

FiJoFe-Verlag

Das ist die Familie Delfin.

Mama Delfin, Papa Delfin und der kleine Rico.
Sie leben in einer kleinen Bucht am Rande
des großen Meeres.

Rico spielt sehr gerne mit seinen Eltern, denn sie können wunderbare Kunststücke.

An einem warmen Sommertag zeigt Papa Delfin seinem Sohn ein sehr schwieriges Kunststück.
Er springt senkrecht aus dem Wasser, dreht sich einmal um die eigene Achse und landet mit einem großen Platschen auf dem Rücken.
Mama Delfin kann dieses Kunststück auch.
Nur Rico hat noch nicht genug Kraft, um so weit aus dem Wasser zu springen.

"Du musst immer fleißig üben, Rico, dann wirst du das Kunststück auch bald können!", sagt Papa Delfin.

Als es langsam dunkel wird, sagt Mama Delfin: "Kommt, ihr zwei, lasst uns in unsere kleine Bucht zurückkehren!"

Müde und erschöpft schwimmt Rico seiner Mutter hinterher.
Doch wo ist Papa Delfin?
Rico sieht nur noch die Schwanzflosse seines Vaters.

Wo will Papa hin?

Papa Delfin schwimmt hinaus in das große Meer.
Plötzlich sieht er viele Delfine, die aus dem Wasser springen und sich gegenseitig spielerisch jagen. Neugierig nähert Papa Delfin sich ihnen.
Die fremden Delfine erzählen Papa Delfin spannende Geschichten über das Leben im großen Meer. Anschließend tauchen sie mit ihm um die Wette.

Schließlich erklärt Papa Delfin: "Am liebsten würde ich hier bleiben, aber ich muss zu meiner Familie zurück. Sicher machen sie sich schon Sorgen um mich.
Auf Wiedersehen! Ich komme morgen mit meiner Familie wieder!"

Als Papa Delfin morgens in der kleinen Bucht bei seiner Familie ankommt, freut sich Rico sehr.
"Hallo, Papa, wo warst du?"

Liebevoll begrüßt Papa Delfin seinen Sohn und erzählt ihm von seinem Erlebnis mit den Delfinen im Meer.
Rico hört seinem Vater aufmerksam zu und stellt sich vor, dass Papa ihn und Mama einmal dorthin mitnimmt.
Doch plötzlich schwimmt Mama fort.

"Wo will Mama denn nur hin?", fragt sich Rico.

Mama Delfin schwimmt zum Hafen. Aufgeregt schaut sie sich die vielen Menschen und Schiffe an.
Vor Freude taucht Mama aus dem Wasser auf und "läuft" auf ihrer Schwanzflosse rückwärts durch das Wasser. Nach einigen Metern lässt sie sich einfach ins Wasser fallen.

Die Menschen auf der Kaimauer haben Mamas Kunststück beobachtet und klatschen vor Begeisterung in die Hände.

Das findet Mama Delfin wundervoll. Am liebsten würde sie hier bleiben.
Nachdem sie ihr Kunststück einige Male wiederholt hat, denkt sie an ihre Familie. "Sie werden bestimmt schon auf mich warten. Ich schwimme jetzt lieber in die Bucht zurück. Morgen werde ich mit Papa und Rico wiederkommen."

Als Mama Delfin am Nachmittag zur kleinen Bucht zurückkehrt, begrüßt Rico sie glücklich. "Hallo, Mama, wo warst du?"
Als Mama von ihrem Erlebnis am Hafen berichtet, hört Rico ihr aufmerksam zu.
Plötzlich sagt Papa Delfin ernst: "Rico, lass Mama und mich bitte einen Augenblick allein!"

Rico schwimmt hinter den nächsten Felsen. Hier kann er all das hören, was seine Eltern sagen.
Er hört Mama erzählen: "Ich war heute am Hafen. Dort ist es herrlich. Wir sollten morgen gemeinsam dorthin schwimmen."
Rico hört Papa antworten: "Nein! Ich war gestern Abend im großen Meer bei anderen Delfinen. Dort ist es viel schöner. Ich will, dass wir morgen gemeinsam dorthin schwimmen!"

Sie reden immer lauter und lauter. Schließlich streiten sie und schreien sich an, weil sie sich nicht einigen können.

In den nächsten Tagen und Wochen schwimmt Mama Delfin morgens allein zum Hafen.
Rico ist in dieser Zeit bei seinem Vater.

Nachmittags, wenn Mama zurückkommt, schwimmt Papa Delfin allein ins große Meer.
In dieser Zeit ist Rico bei seiner Mutter.

Dieses Hin und Her macht Rico sehr traurig.
Er wünscht sich, dass sich seine Eltern vertragen und alles wieder so wird wie früher.

Eines Tages kommen Mama und Papa Delfin mit ernsten Gesichtern zu Rico.
"Wir müssen mit dir reden, mein Schatz", sagt Mama.
"Was ist denn, Mama?" Rico ahnt Schlimmes, denn so ernst hat er seine Eltern noch nie gesehen.
Mama Delfin erklärt: "Du hast bestimmt schon bemerkt, dass Papa und ich immer streiten. Wir können nicht mehr zusammenleben. Deshalb werden wir uns trennen."
"Aber warum?", will Rico verzweifelt wissen.

Jetzt antwortet Papa: "Als Mama und ich uns kennen lernten, haben wir uns versprochen, dass wir immer gemeinsam hier in der kleinen Bucht leben werden. Seit einiger Zeit bin ich jedoch sehr gerne im großen Meer. Doch da will Mama nicht hin. Mama möchte viel lieber zum Hafen, doch da will ich nicht hin." Rico schluchzt: "Aber was wird denn aus mir?"

Sanft legen Mama und Papa ihre Flossen um Rico und Mama erklärt: "Du wirst hier mit mir in der kleinen Bucht leben. Papa wird im großen Meer wohnen und dich besuchen kommen."
"Aber Papa, hast du mich denn gar nicht mehr lieb?", flüstert Rico.
Papa Delfin antwortet mit ruhiger Stimme:
"Doch, mein Schatz, ich habe dich sehr lieb. Das wird auch so bleiben. Mama und ich werden zwar nicht mehr zusammenleben, aber wir werden immer deine Eltern bleiben und für dich da sein."
Dann schwimmt Papa davon.

Einige Tage später fragt Mama Delfin: "Hilfst du mir bei der Futtersuche?" Rico antwortet quengelnd: "Nein, ich habe keine Lust. Ich will zu meinem Papa!"

Mama sieht, dass Rico sehr unglücklich ist und tröstet ihn: "Ich verstehe, dass du Papa vermisst. Komm, lass dich umarmen."
"Ach, Mama, ich habe solche Angst, dass du mich allein lässt."
"Ach, mein Liebling. Ich werde immer bei dir bleiben und für dich da sein."

Erleichtert kuschelt sich Rico an seine Mutter.
"Und soll ich dir noch etwas Schönes sagen?", flüstert Mama Delfin Rico ins Ohr.
Rico nickt.
"Papa wird dich morgen besuchen kommen."

Heute ist Rico sehr aufgeregt, denn er wartet auf Papa Delfin.
Ständig fragt er: "Wann kommt Papa endlich?"
"Papa ist bestimmt schon längst vom großen Meer unterwegs und wird bald hier sein", antwortet Mama geduldig.

Damit die Zeit schneller vergeht, spielen die beiden im Sandnebel Verstecken. Übermütig wühlt Rico mit der Nase den Sand am Meeresboden auf.

Plötzlich sieht er einen Delfin auf sich zukommen.
Ist das Papa?

Und wirklich, es ist Papa! Beide freuen sich sehr, weil sie sich wiedersehen. Rico springt vor Freude weit aus dem Wasser, dreht sich einmal - nein - zweimal um die eigene Achse und landet mit einem Platschen auf dem Rücken.
Papa Delfin staunt und lobt seinen Sohn: "Das ist ja fantastisch, wie du das Kunststück gemacht hast. Ich bin stolz auf dich!"
Auch Rico ist begeistert und stolz darüber, dass er das Kunststück ganz allein gelernt hat.

"Was meinst du, Rico, hast du Lust, heute mit mir ins große Meer zu schwimmen?" "Au ja, hurra, ich darf ins große Meer! Aber ich muss erst Mama fragen, ob sie damit einverstanden ist!"
Papa beruhigt ihn: "Das habe ich bereits getan. Mama hat gesagt, du darfst mitkommen."
Rico verabschiedet sich von seiner Mutter: "Tschüss, Mama. Und was machst du jetzt?" "Ich werde jetzt zum Hafen schwimmen. Euch beiden wünsche ich viel Spaß im großen Meer. Wir sehen uns heute Abend wieder!"

Am Abend treffen sich Mama, Papa und Rico in der kleinen Bucht.
Nachdem sie sich ihre spannenden Erlebnisse erzählt haben, verabschiedet sich Papa Delfin.
Er schwimmt zurück ins große Meer.

Rico weiß nun, dass Papa ihn wirklich besuchen kommt.

Als Mama und Rico allein sind, fragt sie ihn: "Möchtest du morgen mit mir zum Hafen schwimmen?"
"Au ja, dann lerne ich den Hafen auch kennen!"

Glücklich schläft Rico ein und freut sich auf den nächsten Tag.

Weitere Exemplare sind erhältlich über:
FiJoFe-Verlag
Auf dem Stumpeich 3a · 53567 Buchholz/Ww.
Telefon (0 26 83) 76 35